DIBUJAR

ESPACIOS

Giovanni Bracco

Nocturnos

Con una carta del Papa Francisco

europa
ediciones

© 2025 **Europa Ediciones** | Madrid

www.grupoeditorialeuropa.es

ISBN 9791256960958

I edición: julio del 2025

Distribuidor para las librerías: **CAL Málaga S.L.**

Impreso para Italia por *Rotomail Italia S.p.A. - Vignate (MI)*

Stampato in Italia presso *Rotomail Italia S.p.A. - Vignate (MI)*

Nocturnos

Con una carta del Papa Francisco

Para Fiorella Bracco que,
con energía y sonrisa hacia la vida,
penetra mis poemas mejor que yo

Contenidos

Carta del Papa Francisco

Querido hermano:

Muchas gracias por la carta que me hiciste llegar, junto a la edición de tu libro de poemas "Nocturnos".

Al leer los versos allí plasmados, pude traer al corazón el drama de aquellos inmigrantes que con ilusión se subieron a una barca pero no pudieron culminar su viaje. También tus poemas fueron una oportunidad para pedirle al Señor que renueve la esperanza de la humanidad en un futuro mejor, en el que nadie se pierda en el mar de la indiferencia.

Anhelo que quienes lean tu libro, puedan adentrarse en la noche y dejar que la luz de Jesús ilumine su camino.

Rezo por vos, por tus intenciones y por aquellos que leerán tus poesías. Te pido que no dejes de rezar y hacer rezar por mí. Que Jesús te bendiga y la Virgen Santa te cuide.

Fraternalmente
Francisco

Prólogo

Nocturnos es un poemario en el que el autor explora los matices del alma humana, entretejiendo emociones, recuerdos y deseos con imágenes y palabras evocadoras. El autor nos lleva a un viaje intemporal, en el que cada poema es una ventana abierta a la intimidad de los sentimientos. El autor explora el amor (*Cantan a voz en grito "Amor, mi amor"/los borrachos que pasan/en la calle que estaba aquietándose; Había confiado obstinadamente/que el amor nunca debiera acabarse*), el concepto de tiempo *(Cada noche repienso en mi muerte./Enseguida me busco en la almohada,/en la parte más fresca una caricia)*, la naturaleza *(En esta noche, estrellas fugaces,/os he estado esperando/mucho tiempo; Nuestra luna, una farola en Nápoles)*, el silencio *(me levanto y cierro la ventana/en cocina, el silencio/facilita balances; Hoy es domingo, y no lo parece./Si no fuera por el silencio. O porque/tengo mucho tiempo para observar/la lejanía de los campos helados/humeantes en el valle)*, y la noche del alma, la de la parte rica del mundo ante la tragedia de los migrantes fallecidos en el mar.

Este poemario es un camino por lugares visibles e invisibles: los del corazón, la memoria, el deseo y el tiempo, por los que el autor nos guía y conduce con un estilo esencial pero profundo, personificando a veces elementos naturales e inmateriales. Es un viaje que no sigue mapas, sino que se apoya en el instinto de las emociones, en la huella que el amor deja en las cosas, en los pasos ligeros de la naturaleza que nos enseña a existir sin clamor, invitándonos a frenar, a sentir, a perdernos en los pliegues de las palabras.

15

Almas en la noche

Se han puesto la luna y las Pléyades,

en medio de la noche,

el tiempo pasa. Y yo me acuesto sola.

Safo

Tramontate la luna e le Pleiadi,

nel mezzo della notte,

trascorre il tempo. E io giaccio sola.

Saffo

***

El sueño cayó sobre los ojos de Odiseo

dulce, profundo, como la muerte.

Homero, Odisea, XIII

Scese il sonno sugli occhi di Odisseo

dolce, profondo, simile alla morte.

Omero, Odissea, XIII

17

En la cocina

para *Graziano Conversano*

Los días se confunden. La igualdad
de este claro comienzo de enero
hiela las percepciones.
En la cocina, antes del balcón,
el piso es un trapecio de cemento
con esquirias de losas de colores:
una invitación a las estrellas.
Yo no preví
la ausencia de una brújula, un sextante.

In cucina

a *Graziano Conversano*

Si confondono i giorni. L'eguaglianza
di questo terso avvio di gennaio
le percezioni assidera. In cucina
il pavimento prima del balcone
è un trapezio in massetto di cemento
con schegge di piastrelle colorate:
un invito alle stelle. Non previdi
l'assenza di una bussola, un sestante.

Copos de nubes el maestral hinchaba.
Ahora, apaciguado,
libera a las estrellas.
Plácido gira, intacto, el firmamento.

Rigonfiava batuffoli il maestrale.
Ora è placato e libera le stelle.
Placido ruota, intatto, il firmamento.

¿Estrellas que aclarasteis
una partícula del cielo, cuantos
años esperabais
que yo a vosotras mirasse, quizàs
vosotras muribundas justo ahora,
mucho más alto que el nogal maduro?
Gràciles centinelas de esta vida
y de otras vidas, con otras estrellas.

Stelle che rischiaraste una particola
di cielo, da quanti anni aspettavate
ch'io vi guardassi, forse moribonde
stelle in quest'ora, oltre il noce maturo?
Di questa vita vaghe sentinelle
e di altre vite, insieme ad altre stelle.

Ahora hay más silencio, la salobre
frescura sopla sobre la marina
y cada encaprichamiento es grava
que acaba granulada en la resaca.

Ora c'è più silenzio, la salmastra
frescura frulla sopra la marina
e ogni infatuazione
è ghiaia che si sgrana alla risacca.

As time goes by

Muchos faros de coche se persiguen,
vaivén de extraños,
miradas vitrificadas
Desprovisto de signos y palabras,
sólo una mueca hosca
para solucionar esta otra noche.

As time goes by

Si rincorrono molti
fanali di automobili,
viavai di gente estranea,
sguardi vetrificati.
Sprovveduti di segni e di parole,
solo un ghigno a risolvere la sera.

Son las nueve y ya se ha acostada
detrás de la obra, como en una hamaca,
maliciosa la creciente luna.
Como mujer desnuda en un cuadro,
seduce e inhibe, tiene en cuenta
miradas descaradas, congelandoles
en un encantamiento silencioso.
Pero, por la basura, como perros
se pelean las gaviotas
encima del garaje.

Sono le nove e già si è coricata
dietro al cantiere, come su un'amaca,
maliziosa la crescente luna.
Simile a donna nuda in un dipinto,
adesca ed inibisce,
mette nel conto ogni sfrontato sguardo
fermandolo in un silenzioso incanto.
Ma come cani
si azzuffano i gabbiani
per l'immondizia in cima alla rimessa.

para Elio Pecora

Esta noche recuerdo tu voz, esa
calma vigilante de los que saben
dominar la ansiedad
de redibujar mapas
mientras mece resistir y quedárse.

a Elio Pecora

Questa sera ripenso alla tua voce,
quella vigile calma di chi sa
dominare l'affanno
del ritracciare mappe
mentre culla il resistere e il restare.

En esta noche, estrellas fugaces,
os he estado esperando
mucho tiempo, incluso
sin gafas para conferir un tono
aún más soñador a la espera
y al pronto deseo. Desde el jardín,
en la oscuridad,
he oído caer
solo una nuez podrida.

Vi ho aspettato a lungo questa notte
stelle cadenti, anche senza occhiali,
per dare un tono ancora più sognante
all'attesa e al pronto desiderio.
Dal giardino, nel buio,
ho sentito cadere
solo una noce marcia.

Escorias

Migajas de tabaco sobre el libro
de Montale. Un soplo acompañado
por el astuto dedo
meñique las dispersa.
Sobre el corazón
las escorias son duras.

Scorie

Briciole di tabacco
sul libro di Montale.
Un soffio accompagnato dallo scaltro
mignolo le disperde.
Le scorie sopra il cuore sono dure.

¿Qué otra cosa? Piar,
distantes unos de otros, en cuclillas
como en un nido frio
en esta oscuridad desmesurada.

Cos'altro? Pigolare,
distanti gli uni, gli altri, accovacciati
come in un nido freddo
in questa smisurata oscurità.

Ahora, pues, que mucho he tenido
y mucho he tomado, esta dormido
el antiguo deseo de mezclar.
Cuanto más fuerte es el miedo al dolor.

Ora che molto ho avuto
e moltissimo ho preso, è assopita
l'antica smania di rimescolare.
Più forte è la paura del dolore.

para mi hija Rita

La oveja con la pata
extendida de piel
rosa, colgada en la cabecera
de la cama, donde el tatarabuelo
dejaba su reloj de bolsillo,
vela por la igualdad de tu sueño,
en el aliento de generaciones.
Y tú en sueños desatas
guirnaldas de centellas.

a mia figlia Rita

La pecorella con la zampa tesa
di pelo rosa, appesa
in capo al letto, dove il tuo trisavolo
teneva l'orologio da taschino,
veglia sull'eguaglianza del tuo sonno,
dentro al respiro di generazioni.
E tu in sogno sprigioni
ghirlande di scintille.

El espejo

La pantalla espejo
negro del iPad refleja una imagen
bronceada de mí, pocos detalles,
solo ojos cansados. El estante,
con las ollas desportilladas, rojas,
amarillas, azules
claras en la pared
opuesta me describe fielmente.

Lo specchio

Lo schermo specchio nero dell'ipad
riflette una mia immagine abbronzata,
pochi dettagli, solo gli occhi stanchi.
La piattaia, con le pentole sbreccate
rosse, celesti, gialle alla parete
di fronte mi descrive fedelmente.

Nuestra luna, una farola en Nápoles,
se filtra por las hojas del balcón.
En esta verdad nuestra
de sombras, yo no quiero imaginarla
cuarto lacteo-luciente de una fábula.

La nostra luna è un lampione a Napoli
che filtra dalle valve del balcone.
In questa nostra verità di ombre
non ho voglia di crederla
quarto lattelucente di una favola.

En duermevela el sábado
recordaba la idea de tus brazos,
tan lejanos, palancas
largas, tranquilas, color del desierto,
ámbar, miel
y, como en el desierto la visión
se esfuma casi líquida
por la distancia, como los armonicos
por los tubos de órgano,
se disipó la idea y de la miel
la reverberación.

Nel dormiveglia sabato
ripensavo all'idea delle tue braccia
così lontane, lunghe leve calme
colore del deserto, ambra, miele
e, come nel deserto la visione
per la distanza sfuma quasi liquida,
come per canne d'organo gli armonici,
l'idea svanì e il riverbero del miele.

Cantan a voz en grito "Amor, mi amor"
los borrachos que pasan
en la calle que estaba aquietándose.
Se levantan vapores
rojizos más lejanos, abultados
con presagios infaustos.
Es el momento para preguntarse
si valga el murmullo
de una maldición y luego al toque
del día entregarse.
Había confiado obstinadamente
que el amor nunca debiera acabarse
gruñon y agotado
dentro de los ladridos de un beodo.

A squarciagola cantano
amore, amore mio
gli ubriachi di passaggio
nella strada ch'era quasi acquietata.
Più distanti si levano vapori
rossastri, gonfi di presagi infausti.
È l'ora buona a chiedersi se valga
il mormorare una maledizione
per poi arrendersi allo squillo del giorno.
Cocciutamente avevo confidato
che mai l'amore dovesse ridursi
ringhioso e sfibrato
dentro i latrati di un avvinazzato.

Acostado en mi cama,
parece indescifrable
el ruido de fondo de la noche.
Hay una parte de Roma que no duerme:
me levanto y cierro la ventana
en cocina, el silencio
facilita balances.
Bajo el cuello de la última botella
queda una lágrima de vino seca.

Steso a letto mi sembra indecifrabile
il rumore di fondo della notte.
C'è una parte di Roma che non dorme:
mi alzo e chiudo la finestra in cucina,
il silenzio facilita i bilanci.
Sotto il collo dell'ultima bottiglia
resta una lacrima di vino secca.

Con el aliento expuesto
a toda corrupción
esta noche nos manda largos sueños,
incluso entre el medio sueño y el miedo
de perder el control o la ilusión
de una aurora cercana y engañosa.

Col soffio esposto ad ogni corruzione
ci comanda la notte al lungo sonno
anche tra il dormiveglia e la paura
di perdere il controllo o l'illusione
di un'aurora ormai prossima e bugiarda.

Con mi mano apoyada en mi esternón
escucho el corazón. Pero se siente
como si estuviera palpitando
en otra parte. El cuerpo está estirado,
no busca direcciones:
una flor encogida.
Todas las noches cierra la corola.

Con la mano appoggiata sullo sterno
ascolto il mio cuore.
Ma sembra come se pulsasse altrove.
Il corpo è disteso,
non cerca direzioni,
come un fiore indurito.
La corolla ogni sera si richiude.

Cada noche repienso en mi muerte.
Enseguida me busco en la almohada,
en la parte más fresca una caricia.

Ogni sera ripenso alla mia morte.
Poi subito mi cerco sul cuscino
dalla parte più fresca una carezza.

Aves

Se sabe que las almas de los muertos
giran en un lugar
del espíritu. Cuando
yo emprenderé el vuelo, apuntarás
la espiral del halcón.

È noto che le anime dei morti
volteggiano in un luogo dello spirito.
Quando m'involerò, additerai
la spirale del falco.

De pie sobre una lengua
de barro libre de aneas y juncos
en las aguas del rio Tanàgro, lentas,
una cigüeña tarda,
sola, en emigrar. Y yo no sé,
mirándola del puente acariciado
de brisa fresca a fines de octubre,
si ella estás esperando una bandada
que pasa, o mirando las colinas
sobre las cuales descansa mi pueblo
natal de los escalones verdosos,
húmedo a pesar del pleno sol
de su pendón, de los veranos largos,
como, antes de irme, yo las miro.
Me cura cada vuelta y es un dolor.

Ritta sopra una lingua di fanghiglia
libera dalle tife e dalle canne
nelle acque impigrite del Tanàgro,
una cicogna tarda,
solitaria, a migrare. Ed io non so,
scrutandola dal ponte accarezzato
da un venticello fresco a fine ottobre,
se attenda uno stormo di passaggio
o guardi le colline
sulle quali è poggiato il mio paese
dai gradoni verdastri,
umido nonostante il sole pieno
del suo stendardo, delle lunghe estati,
come io le guardo prima di partire.
Mi cura ogni ritorno ed è un dolore.

La gaviota en el techo
y yo en la cocina
somos los únicos en mirar todas
estas entonaciones de la perla
en la tarde cambiante
de un mayo caprichoso.
Pero, a diferencia
de mí, el orgulloso amigo tiene
trayectorias seguras para sí.

Il gabbiano sul tetto e io in cucina
siamo i soli a guardare
tutte le intonazioni della perla
nella sera mutevole
d'un maggio capriccioso.
Ma, al contrario di me, il fiero amico
tiene per sé sicure traiettorie.

Cada mañana, mirlo
de pico amarillo,
cuando las luces disipan la noche,
hurgas en la maceta de begonias.
Yo no sé lo que buscas, lo que encuentras.
Yo bebo mi café,
izo la vela, emprendo
la busqueda, disipo
mis pensamientos
y, a veces, encuentro una palabra.

Merlo dal becco giallo, ogni mattina
quando il chiarore dissipa lo scuro
frughi nel vaso delle mie begonie.
Non so che cosa cerchi, cosa trovi.
Io bevo il mio caffè, alzo la vela,
mi metto in cerca, dissipo i pensieri
e qualche volta trovo una parola.

Los gorriones, persiguiendo llamadas
locas, trazan en los campos arados
fatuas proyecciones de presencia.

I passeri inseguendo
pazzi richiami tracciano
sui campi arati fatue
proiezioni di presenze.

La gaviota parece
que llora esta noche, planeada
sola en el tejado del garaje,
buscando la basura.
Y gimiendo se enreda. Como yo.

Sembra che pianga stanotte il gabbiano
planato solitario sul solaio
della rimessa in cerca di immondizia.
Ogni vagito, annaspa. Come i miei.

¿Qué cantos hace el gallo
fuera de horario? No para mi, claro:
es una disputa con otros gallos
en polleras lejanas. En la esfera
oscurecida del reloj avanza
la manecilla larga.
Tuviera al menos un poco de lástima.

Quali richiami il gallo alla controra?
Non a me. È una disputa
con altri galli in pollai più lontani.
Sul quadrante scurito
della pendola avanza la lancetta
lunga. Avesse un poco di pietà.

Hoy es domingo, y no lo parece.
Si no fuera por el silencio. O porque
tengo mucho tiempo para observar
la lejanía de los campos helados
humeantes en el valle.
Pero he descubierto
que incluso las gallinas, libertadas
en el jardín reseco,
incansables se buscan
una yacija donde detenerse.

Oggi è domenica, e non pare.
Se non fosse il silenzio.
O perché ho tutto il tempo di osservare
la lontananza dei campi gelati
fumanti nella valle.
Ma ho scoperto che anche le galline,
sciolte nell'orto rinsecchito, insonni,
si cercano un giaciglio in cui sostare.

Los farolillos ámbar de Villeneuve
parecen calibrados en los ojos,
en la mirada orgullosa e implorante
del búho real (qué hermoso nombre
en francés: le grand-duc) que me mirába
con sus cejas enhiestas
desde la jaula en el bioparque
del Valle de Aosta.
Después de cenar, niñas
con su juego libre a las muñecas,
de la vida rapaces sin igual.

I lampioncini ambra di Villeneuve
son tarati sugli occhi, sullo sguardo
fiero e implorante del gufo reale
(che bel nome in francese: le grand-duc)
che mi fissava con le sopracciglia
svettanti dalla gabbia
nel parco d'animali valdostano.
Bambine, dopo cena,
col loro gioco libero alle bambole,
di vita ineguagliabili rapaci.

Al caer de la tarde en la maleza
de laurel un tumulto de gorriones
sedientos. El nogal
se extiende en un espacio
ancho con una dulce
arrogancia. Perfiles de aleros
y chimeneas en
la cresta de las casas. Desde lejos
una llamada, el calor la embota.
Y este aire que une y no divide.

Nella macchia di alloro verso sera
è un tripudio di passeri assetati.
Il noce si distende in uno spazio
largo con una dolce prepotenza.
Sagome di comignoli e grondaie
sul costone di case. Da lontano
un richiamo, lo smorza la calura.
E quest'aria che unisce e non divide.

La noche negra del alma

Mediterráneo, emigrantes

Y, como a aquel que goza en la jornada
de la ganancia y, quando llega el día
de perder, llora su alma contristada,

así la bestia, que hacia mí venía,
me empujaba sin tregua, lentamente,
al lugar en que al sol no se le oía.

Dante, Infierno, I
(traducción de Ángel Crespo, Editorial Seix Barral)

E qual è quei che volontieri acquista,
e giugne 'l tempo che perder lo face,
che 'n tutti i suoi pensier piange e s'attrista;

tal mi fece la bestia sanza pace,
che, venendomi 'ncontro, a poco a poco
mi ripigneva là dove 'l sol tace.

Dante, Inferno, canto I

El mar se ha calmado y el movimiento
de las olas me sacuden.
Tengo que admitir que ni siquiera
he intentado pelear.
Demasiado divergentes
las fuerzas en el campo en la tormenta.
Nunca sabrás si fue la piedad
o la apatía del mar
lo que resolvió todos mis dolores
y algunos deseos
ahora agotados.
Entiérrame con mi ropa.
Dàtiles brotarán de los bolsillos,
semillas de albahaca, mijo, acacia.

Ora che si è calmato e il movimento
delle onde mi culla in superficie
devo ammettere che non ho lottato
nemmeno un poco, troppo divergenti
le forze in campo in mezzo alla tempesta.
Voi non saprete mai se è la pietà
del mare o la sua cieca indifferenza
ad avere risolto ogni mia pena
e qualche desiderio ormai sfibrato.
Interratemi coi vestiti miei.
Dalle tasche germoglieranno datteri
semi d'acacia, miglio e di basilico.

Todo está perdonado.
Dibujo a las aguas del olvido.
Dejo un cuerpo varado,
supervisado, junto con los de otra
docena de residuos humanos,
desterrados de todo,
sábanas blancas extendidas sobre
la fiebre de los ojos asustados
que ni siquiera han llegado al borde
de tus lindas fortalezas sitiadas.
Incluso si permanece sin nombre,
no pierde su significado el hombre.
Tenemos que hacer
las cuentas con las vidas que no han
podido expresarse,
la inocencia de los indeseados.

Tutto è rimesso. Attingo
alle acque dell'oblio.
Lascio un corpo spiaggiato
e sorvegliato a vista
assieme a quelli di un'altra dozzina
di scarti umani, banditi da tutto,
teli bianchi distesi
sulla febbre di occhi impauriti
giunti nemmeno ai margini
delle vostre cittadelle assediate.
Restare senza nome
non priva l'uomo di significati.
Rimane aperto il conto
con le vite inespresse,
l'innocenza dei non desiderati.

El mar me ha bajado de la cruz
con los brazos agotados,
aún anchos, indefenso
como el Cristo de Mantegna.
Pero no tenía idea de redención,
sirviò otra salvación a mis vente años.
Ya se van a la playa las Marias
para extender el sudario,
para ocultar los signos
de tu derrota.

Il mare mi ha deposto dalla croce
con le braccia sfinite, ancora larghe,
inerme come il Cristo di Mantegna.
Ma non portavo idea di redenzione,
altra salvezza urgeva ai miei vent'anni.

Già muovono alla spiaggia le Marie
per stendere il sudario.

Per occultare i segni
della vostra disfatta.

Si un zapato solitario,
en madejas de posidonia seca
y crepitante, pasa con tus pasos,
refugialo al borde de las rocas
bajo las alcaparras engordadas.
De mí nada mas queda. Este mar
corroe y no limpia, pero al menos
los pies ya no se mezclan con arena
y polvo, y el zapato se ha ganado
el derecho a esperar, la libertad,
que el capullo abre una flor blanca.

Se una scarpa spaiata su matasse
di posidonia secca e crepitante
capita ai vostri passi, per favore
riparatela ai piedi delle rocce
dove ingrassano i capperi.
Altro di me non credo che rimanga.
Questo mare corrode e non deterge,
ma almeno adesso i piedi
non si impastano più di sabbia e polvere
e la scarpa ha conquistato il diritto,
la libertà di attendere
che il bocciolo dischiuda un fiore bianco.

Para currar en obra estaba listo,
pero no para esquivar el silbido
de las correas. Cuando
los lancheros sintieron el final,
nos azotaron para empujarnos
al mar. En el tumulto
de lenguas, gritos, sangre y sal, no sé
si el aligeramiento fue exitoso.
Me obligué a tragar
la última blasfemia
y sonreí a Dios. Pero no sé
si esta inmensa paz
es realmente el premio prometido
sin el beso en los ojos de mi madre.

Ero pronto a sgobbare sui cantieri,
non a schivare il sibilo
delle cinghiate. Quando gli scafisti
hanno intuito la fine imminente,
ci hanno frustato per buttarci a mare.
Nel tumulto di lingue,
di urla, sangue e sale
non so se la manovra
di alleggerimento sia riuscita.
Ho soltanto provato
ad ingoiare l'ultima bestemmia,
anzi, ho sorriso a Dio. Ma non so
se questa immensa quiete
sia esattamente il premio promesso
senza il bacio sugli occhi di mia madre.

La ola oscura
descarga en la orilla
junto con la copiosa
siega de posidonia
saturada de sal.
Mi boca estaba seca
por la tortura que me asimilò
al héroe del mito.
Pero no tuve culpa que expiar,
menos aún pecado de orgullo.
En tu impetuoso,
resonante arrebato,
Mediterráneo, mar despiadado
para los sedientos, me moliste
con algas muertas mientras me moría
en tí deshidratado.

L'onda scura si abbatte sulla riva
con la copiosa messe
di posidonia satura di sale.
Ebbi la bocca riarsa nel supplizio
che mi accostava all'eroe del mito
ma non avevo colpa da espiare,
non avevo peccato di superbia.
Nello slancio tonante e impetuoso,
mare senza pietà per l'assetato
mi hai mulinato insieme alle alghe morte
mentre morivo in te disidratato.

Tuve un sueño,
estoy avergonzado
incluso ahora
- era de sexo -
para contarle.
Pero, luego, el bote se volcó
y de repente ella,
después de contemplarla
todo el tiempo: desaparecida.
Y todos también desaparecimos
el uno al otro, en los momentos que
el cercano relámpago emplea
en pegar un tirón
de su tronido con una correa.

Avevo un sogno
che mi vergogno
perfino adesso
- era di sesso -
a riferirvi. Ma poi il canotto è andato a gambe all'aria
e lei, improvvisamente,
dopo averla guardata tutto il tempo:
sparita. Come tutti noi sparimmo
gli uni agli altri, negli attimi che il lampo
ravvicinato impiega a strattonare
il suo tuono al guinzaglio.

Durante mucho tiempo resistí
balanceándome encima de un camión
sobrecargado. Parecía el arca
de Noé, garantía de salvación,
mientras por una pista nos llevaba
de arena indescifrable. Allá arriba
soñaba con países rodeados
por golondrinas locas, por el canto
libre de otras aves coloridas.
Pero antes de que en mar abierto
ocurriera el diluvio, el corazón
estaba asustado y abatido
solo por el ladrido de los perros
y el rebuzno de un burro en el cabestro.

Per ore in un difficile equilibrio
ho resistito in cima all'autocarro,
colmo all'inverosimile. Sembrava
portarci alla salvezza come l'Arca,
su una pista illeggibile di sabbia.
Lassù fantasticavo di paesi
torniti dalle rondini, dal canto
libero di altri uccelli variopinti.
Ma, prima del Diluvio in mare aperto,
solo latrati il cuore hanno fiaccato
e ragli di somaro alla cavezza.

Después de tanto ruido todo vuelve
a arreglarse en el silencio. Solo
añoro a los músculos
tensos antes de desentumecerlos
en cien metros de pista, mal contados,
en el campo en el borde de Kaduna.
La piel ahora, elástica y compacta,
compite con escamas de pescado.

Dopo tanto rumore
tutto si ricompone nel silenzio.
Rimpiango solo i muscoli
tesi prima di sciogliersi sui cento
metri di pista rossa, mal contati,
sul campetto ai bordi di Kaduna.
Ora la pelle, elastica e compatta,
concorre con le squame di un branzino.

Compacta en el camino polvoriento,
alguien tenía un saco o una alfombra,
movió la reunión
mustia y desarmada. No nos guiaba
un pacto para la tierra futura.
En el camión en medio de la fila
no había arca, no había alianza.
Para nosotros era
solo una referencia ocasional
al éxodo compuesto,
pagado al precio de nuestras viviendas,
en Siria, bombardeadas,
sin agua, en el nombre
de un Dios que no podía mirar si tiene
un sentido el alto mandamiento:
no lo nombres en vano.
Señor, mira mi mano
que se agarra al bote.
Esta sal me corroe.
Quizás miramos demasiado arriba
y el paso está ahí abajo.

Compatta sulla strada polverosa,
qualcuno aveva un sacco o un tappeto,
muoveva l'adunata
mesta e disarmata.
Non ci guidava un patto
sulla terra futura.
Sull'autocarro in mezzo alla colonna
non c'era l'arca, non c'era alleanza.
Per noi rappresentava
solo un riferimento occasionale
all'esodo composto,
pagato al prezzo delle nostre case,
in Siria, bombardate,
senza acqua, nel nome
di un dio che non poteva
guardare, se ha un senso
l'alto comandamento:
non nominarlo invano.
Signore, però, vedi la mia mano
che si aggrappa al canotto.
Il sale mi corrode.
Forse abbiamo guardato troppo in alto
e il varco è là sotto.

Huimos del asedio de Damasco
con los niños de la mano, mi padre
sobre mis hombros (pero no era Anchises).
El barco que nos recibió llevaba
más de seiscientos, pocos de la Siria.
Volcó frente a la costa de Egipto.
Fue solo entonces cuando me di cuenta
que no había ningún hado
para apoyarme, no era designado.
Sin embargo, es hora
que florezca una nueva sociedad.

Fuggimmo dall'assedio di Damasco
coi bambini per mano,
mio padre sulle spalle
(ma non era Anchise).
La barca che ci accolse ne portava
più di seicento, pochi dalla Siria.
Si capovolse al largo dell'Egitto.
Fu solo allora che mi resi conto
che non c'era alcun Fato a sostenermi,
non ero designato. Eppure è tempo
che fiorisca una nuova civiltà.

Solía representar una oclusión
en los prismas chispeantes de vuestra
disipación. Eran lentejuelas:
limpio de defectos, es pura luz
el diamante que ahora me encierra.

Prima rappresentavo un'occlusione
nei prismi scintillanti della vostra
dissipazione. Erano paillettes:
mondato dai difetti è pura luce
il diamante che adesso mi racchiude.

Allá arriba incluso las aceras
son extranjeras - rumores refieren –
son hechos para gente
liberada del polvo.
Pero insistí en sentirme
hombre: quiero zarpar viento en popa
hasta el atraque, al final del tiempo
suspendido allá abajo en el campo
de detención en Libia.
Ahora echo de menos un lugar
para ir y volver.

Di là anche i marciapiedi sono estranei,
- riportavano voci - sono fatti
per gente emancipata dalla polvere.
Ma io insistevo nel sentirmi uomo:
voglio salpare con il vento in poppa
fino all'approdo, al termine del tempo
sospeso giù nel campo
di detenzione in Libia. Ora mi manca
un posto da cui andare e ritornare.

Identidad

Aunque olisqueen sangre y basura,
hasta los perros se mantienen lejos
del cercado de nuestra detención.
Me han dejado ir
cuando con mi tobillo en pedazos
era inservible y no tenía ni un duro.
Los que sobreviven - si tienen éxitos –
a la trampa en Libia
no tienen más palabras.
Pero los niños dibujan. He visto
uno en un periódico:
hay una palmera, un tipo en un camello
con Kalashnikov, otro
que ha probado su arma
matando un emigrante
y pone en jacque cuatro
figuras con los brazos levantados,
exigiendo dinero.
                He recortado
la imagen y la guardo,
tarjeta de mi actual identidad.

Identità

Sebbene sangue fiutino e immondizia
perfino i cani stanno alla larga
dal campo della nostra detenzione.
Mi hanno lasciato andare solo quando
con la caviglia a pezzi non potevo
servire a nulla e non avevo un soldo.
Alla trappola in Libia, se si esce,
chi sopravvive non ha più parole.
Ma i bambini disegnano. Ne ho visto
uno su un giornale: c'è una palma,
un tale sul cammello col kalashnikov,
un altro che ha testato la sua arma
uccidendo un migrante e tiene in scacco
quattro figure con le braccia alzate,
richiedendo denaro.   Ho ritagliato
l'immagine e la tengo a documento
della mia attuale identità.

La serpiente

Me han visto reptar, el cobertizo
de hojalata, en Libia, estaba abierto
pero no podía entrar por la paliza.
Reencontré a mi padre al otro lado
del mar y las violencias son ahora
restos secos. La serpiente también
tiene un privilegio:
deja la vieja piel y se regenera.

Il serpente

Mi hanno visto strisciare, la baracca
di lamiera, in Libia, era aperta
ma non riuscivo a entrare per le botte.
Di là dal mare ho ritrovato il padre
e la violenza ormai è una spoglia secca.
Possiede anche il serpente un privilegio:
lascia la vecchia pelle e si rigenera.

Shanti llega a casa

En el jardín más y más en desarme,
gobierno los tiovivos desteñidos,
catorce fichas cinco
euros. Plaza Vittorio en Roma: un nombre
que evoca encuentros de culturas.
No discuto si esto ha sucedido.
En resumidas cuentas, veo mi vida
como el follaje por aquí, oxidado.
Mis parientes informan, de Sri Lanka,
que el hotel en la playa
esta casi acabado
con las palmas de coco inclinadas
al majestuoso océano. Mi nombre
significa sereno, equilibrado.
No sé en mis adentros la palabra
que combina retorno y dolor:
nostalgia. Para mí
tiendo a la armonía.

Shanti torna a casa

Dentro al giardino sempre più in disarmo
governo le giostrine scolorite,
quattordici gettoni cinque euro.
Piazza Vittorio a Roma adesso è un nome
che evoca incontri di culture.
Non discuto se questo sia avvenuto.
Ho fatto i conti e vedo la mia vita,
come il fogliame attorno, arrugginita.
Dallo Sri Lanka i miei parenti dicono
quasi pronto l'albergo sulla spiaggia
con le palme da cocco che si inchinano
al maestoso Oceano. Il mio nome
significa sereno, equilibrato.
Non conosco nel cuore la parola
che coniuga il ritorno e il dolore,
nostalgia. Per me tendo all'armonia.

La consulta del pediatra

La consulta del pediatra de familia
es un pequeño rectángulo
en un edificio con los pórticos
saboyanos que abrazan
Plaza Vittorio en Roma.
La barbeta tranquila
hace una señal para que entren
a los pequeños pacientes,
aferrados a las madres,
con los mocos que se caen,
las caritas resfriadas
y los ojos dudosos.
En un par de horas, como dura el turno
desfilan las más variadas etnias
residentes en el barrio. Achaques
de la estación, terapias probadas,
raíces en los niños
que afirman el deseo de quedarse.
Conozco pocos sitios
más llenos de futuro.

Lo studio del pediatra

Lo studio del pediatra di famiglia
è un rettangolino in un palazzo
coi portici sabaudi che abbracciano
piazza Vittorio a Roma. La barbetta
mite fa cenno ai piccoli pazienti
di entrare, abbarbicati sulle mamme,
col mòcciolo che cola, le faccette
costipate e gli occhi dubitanti.
In un paio d'ore, quanto dura il turno,
sfilano le etnie più variegate
che sono residenti nel Rione.
Malanni di stagione,
terapie collaudate,
nei figli le radici
che dicono la voglia di restare.
Conosco pochi posti
più densi di futuro.

Don León

En nombre de Albert Schweitzer,
respeto por la vida, conciliación

Mis abuelos escucharon sobre el médico
de bigote que tocaba un extraño
piano con pedales en una especie
de casa-hospital dentro de la selva,
que da al río. Soy un sacerdote
católico africano. Esta noche
en la rectoría, en Toscana,
he escuchado y
me estoy documentado (a ese médico
lo llamaban Oganga, hechicero
blanco) y me ha pasada una lágrima.
Vine sacerdote de una tierra
hambrienta y sangrienta, tengo el temple
para grabar la palabra.
Predico el respeto
y la conciliación
a la gente soberbia y afortunada.
Dudaba que pudiera tener éxito
misionero en un mundo al revés.

Don Léon

Nel nome di Albert Schweitzer,
rispetto per la vita, conciliazione

I miei nonni sentirono parlare
del dottore coi baffi che suonava
un pianoforte strano coi pedali
in una specie di casa-ospedale
nella foresta, affacciata sul fiume.
Sono un prete cattolico africano.
Questa sera in canonica, in Toscana,
ho ascoltato e mi son documentato
(lo chiamavano Oganga quel dottore,
stregone bianco) e mi è capitata
una lacrima. Venni sacerdote
da una terra affamata e insanguinata,
ho tempra per scolpire la parola.
Predico rispetto e conciliazione
tra uomini superbi e fortunati.
Ho dubitato di poter riuscire
missionario in un mondo rovesciato.

Diálogo

«En casa los cuencos con el mijo
blanducho nos saciaban con esfuerzo.
Pero cuando una moto
gorgoteaba sobre
la tierra apisonada,
eso bastaba para despertar,
detrás de las cabañas,
las piernas intrigatas de los niños,
ligeras, como un pequeño enjambre».

«En nuestras ciudades bien construidas,
de todo abastecidas,
pero insatisfactorias, la inquietud
se alimenta de la saciedad.
Están deshabitadas por la gracia».

Dialogo

«A casa le scodelle con il miglio
molliccio ci sfamavano a pena.
Ma una motocicletta gorgogliava
sulla terra battuta e già bastava
a stuzzicare, dietro le capanne,
le gambe incuriosite dei bambini,
leggere leggere, un piccolo sciame».

«Nelle nostre città ben costruite,
rifornite di tutto e inappaganti,
di sazietà si nutre l'inquietudine.
Sono disabitate dalla grazia».

La vuelta de las pardelas

Acuclillado en la espesura,
en la hora de la puesta en San Dòmino,
la vuelta escuché de las pardelas
llorantes por el héroe
Diomedes sepultado en una roca
hueca de la cercana San Nicola.
De las islas Trèmiti a Linosa,
Lampedusa, la roca de Lampione,
las pardelas regresan a los nidos
después de un día de pesca
en alta mar, cantando
el deseo de aparearse,
e incuban o alimentan
a los polluelos. Es un vocerío
parecido a vagidos
de una muchedumbre de neonatos.
Son gemidos ambiguos e inquietantes.
A los ninos, a su mirada libre,
las aguas de este inmenso cementerio
confiarán epiceyos
y un canto nuevo de renacimiento.

Il ritorno delle diomedee

Accovacciato dentro la boscaglia
nell'ora del tramonto a San Dòmino
ascoltavo il ritorno delle berte,
le diomedee che piangono l'eroe
Diomede seppellito in una roccia
cava della vicina San Nicola.
Dalle isole Tremiti a Linosa,
Lampedusa, lo scoglio di Lampione
le diomedee rientrano ai nidi
dopo un giorno di pesca in mare aperto
cantando il desiderio di accoppiarsi,
e covano o nutrono i pulcini.
È un vociare simile ai vagiti
di stuoli di neonati. Sono gemiti
ambigui e inquietanti. Ai bambini,
al loro sguardo libero le acque
di un cimitero immenso affideranno
l'epicedio e un canto di rinascita.

Agradecimientos

El primer agradecimiento va para el Papa Francisco quien escribió palabras importantes al autor después de leer los poemas, autorizando su publicación.

Mientras se imprimía el libro, Francesco nos dejó el 21 de abril de 2025. No tuvo tiempo de ver publicado el manuscrito que había leído con antelación. A la querida memoria del Papa Francisco me une una profunda hermandad afectiva y recuerdos familiares lejanos: la iglesia de San José de Flores en Buenos Aires, donde maduró la vocación sacerdotal de Jorge Mario Bergoglio, fue construida por voluntad de don Feliciano De Vita, tío abuelo de mi abuela Caterina Stabile, nativa porteña.

Lidia Gonzalez Veras, a quien va mi más cálido agradecimiento, ha revisado y guiado la traducción de los poemas recogidos en este libro con verdadera amistad.

El reverendo Nicola Russo me honra con su preciosa amistad y no ha dejado de animarme a completar mi proyecto.

Los poemas de la tercera parte del libro (*La noche negra del alma, Mediterráneo, emigrantes*) son publicados en Italia por La Vita Felice editore.

europa
ediciones